Fritz Eckenga

Eva, Adam, Frau und Mann – da muss Gott wohl noch mal ran

Neue Rettungsreime

Bilder von Nikolaus Heidelbach

Verlag Antje Kunstmann

Reim gar nichts
Eine Selbstkritik

Woran es dem Werk dieses Autors gebricht,
ist ganz ohne Frage das Großgedicht.
Es geht unterm Strich, wer will das bestreiten,
auf viel zu viel Seiten um Kleinigkeiten.

Blättern Sie ruhig, da wird es nicht besser.
Immer nur Plätschern in seichtem Gewässer.
Es wird nur im eigenen Saft geschmort
und mit Zahnstochern in dünnen Brettchen gebohrt.

An die ganz großen Themen traut er sich nicht.
Nur mal als Beispiel: Die Kassenbonpflicht.
Fasse zusammen: Viel Wasser, kein Wein
und immer mal wieder ein unreimer Rein.

Es kreißt

Nee – wirklich?
Is' nich' wahr!
Heute schon?
Aber es sollte doch erst... Und?
Alles gesund?
Toll!
Was ist es denn geworden? Ein Junge oder...?
Ein WAS?
Ach, ein Gedicht. Trotzdem: Glückwunsch!

BELEBT

Perle

Dein Liebreiz erschloss sich auf Anhieb
nicht jedem, der dich mal betrat,
doch wer aus Versehen in dir blieb,
wusste bald schon, was er an dir hat.

Na, »bald« ist vielleicht übertrieben,
zwanzig Jahre braucht's schon im Schnitt,
um sich in dich zu verlieben,
doch dann hält die Bindung wie Kitt,

der gesprungene Scheiben im Holz hält
und blindestes Glas im Rahmen.
Du Perle am Podex der Welt:
Bönen, Kreis Unna (bei Kamen).

Auf Norderney wie Heinrich Heine

Ich habe Zeit, ich bin so frei,
ich schrei-
be hier auf Norderney,
wie einst der große Heinrich Hei-
ne sozusagen nebenbei,
bei einem Pott Ostfriesentee,
mit Blick auf Milchbar, Damm und See,
ne ziemlich große Menge Rei-
me in die daumendicke Spei-
sekarte des Café-
und Restaurants Marienhöh.

Doch erst, wenn's tausend Strophen sind,
erkläre ich's für gut und bind
mit Fäden fein aus Seidentuch
der Liebsten draus ein blaues Buch.

Die Kennerin erkennt das Buch
von Weitem schon am Buchgeruch.
Das Odeur ist sehr markant,
riecht es doch kaum nach Salz und Strand,
nach Jod nicht und nach Abendrot,
sondern stark nach Matjesbrot.

Bevor ich ihr das Büchlein band,
aß ich den Matjes aus der Hand.

Drum duften meine Nordseereime
exakt wie die von Heinrich Heime ... nee: ne!

Aufschwung

Sieh die Zeichen an der Wand,
es boomt, es geht voran.
Dort, wo früher Schlecker stand,
steht in Kürze Rossmann.

Super wird's, so richtig schick,
viel netter noch als nett,
Primark platt, dafür kommt Kik,
und zwar mit einem Outlet.

Neben Spieltreff eins und zwei
eröffnet bald der dritte.
Leute, zieht so schnell es geht
nach Gelsenkirchen-Mitte.

Tausend Umwege
»Mille viae ducunt hominem per saecula Iserlaunum«

Über dich spricht man relativ selten.
Bist bescheiden und machst dich nicht breit.
Du liegst nicht im Zentrum von Welten,
sondern nördlich von Lüdenscheid.

Auf dem Weg zu dir muss man oft wenden,
trotz Navi, trotz Google, trotz Falk.
Gelegenheit hat man in Menden,
in Dröschede, Frönsberg und Schalk,

in Stübbeken, Lössel, in Sümmern,
in Fröndenberg, Frönsberg und – ja,
liegt auch das Auto in Trümmern
im Graben von Burg Altena.

Dich zu suchen, zu finden, zu lieben,
ist des Reisenden tröstliche Fron.
Tausend Umwege, so steht's geschrieben,
führen schließlich nach Iserlohn.

Halb drei

Ein nicht so fernes Rauschen,
die Brise wiegt die Äste.
Ein Himmel überm Blätterdach,
im Rücken Wiesenreste.

Im Süden ragt ein großer Zeh
in Richtung des Zenites.
Ein Täubchen zielt, lässt unter sich,
verfehlt mich knapp, dann flieht es.

Der Dusel duselt mich wohin,
die Brandung schüttelt Kiesel.
Li la lu Lavendelluft,
so pelzig zart, so Diesel.

So was? So wie? So lullaby.
So süßes Sommersausen.
Dienstag Nachmittag, halb drei:
Revierpark Oberhausen.

Ganz günstig

Ein Haus und daran angebaut
ein Haus und daran angebaut
ein Haus und daran angebaut
ein Hau ... ach nee: Ein Carport.

Vier Meter Gras vorm linken Haus.
Vier Meter Kies vorm Mittelhaus.
Vier Meter Zaun vorm rechten Haus.
Im Carport ein Merce ... nee: Ford.

Danach ein Haus und angebaut ein Haus
und daran angebaut ein Haus
und daran angebaut ein Hau ... nee: 'ne Garage.

Vier Meter Zaun vorm linken Haus.
Vier Meter Kies vorm Mittelhaus.
Ein Preisschild vor dem rechten Haus:
»Ganz günstig, null Courtage!«

Ich zähl mein Geld und kauf das Haus,
obwohl hier wenig Schnee fällt.
Ursprünglich wollt ich hoch hinaus,
jetzt wohn ich bald in Krefeld.

Hoffnung weiter vorn

Du tappst durch das Dunkel, die Gasse ist eng?
Du atmest sehr flach, denn es riecht etwas streng?
Deine Augen suchen den Eingang zur Welt?
Du findest ihn nicht, jede Sicht ist verstellt

von Kirchengemäuer aus sandigem Stein?
Wo könntest du Armer gestrandet sein?
Wenn du Glück hattest, nicht in Kölle am Rhein,
sondern – aber das ist wohl auch kein Trost – in Soest.

Verlier nicht die Hoffnung,
schau weiter nach vorn.
Schau bloß nicht nach rechts –
da liegt Paderborn.

Schwebe

Kein Sonnenstrahl erwärmte deine Böden,
aus kalter Krume wurd nur saurer Sand.
Doch Rosen blühten prachtvoll, als sei's Eden,
die Alice Schwarzer sei hier kurz genannt.

So großer Geist wuchs auf in deinen Schluchten,
so himmelsfern verschattet tief im Grau,
um unsre Welt dann wuchtig zu befruchten,
als einer sei erwähnt Johannes Rau.

In deinen Sümpfen stecken Stahlruinen
und recken sich umnebelt aus Morast.
An ihnen baumeln rostige Kabinen,

befördern Insassen von Mast zu Mast.
Die Wangen hohl, die Blicke fahl und fahler,
kein Zweifel, das sind alles Wuppertaler.

Schwein gehabt

Als alle mir empfahlen:
Zieh nicht nach Ostwestfalen!
Ging ich voll auf Risiko
und siedelte bei Gütersloh.

Ohne Ent und Weder
zog ich prompt nach Rheda
und fand das große Liebesglück
im schönen Ortsteil Wiedenbrück.

Der Wahrheit halber räum ich ein:
Nicht jeder hat hier so viel Schwein.

BELIEBT

Bescheidene Bitte

Ich sag's dir jetzt zum letzten Mal,
nicht um dich zu belehren,
ich lieb dich wirklich kolossal!
Doch du musst mich verehren!

Mich macht es mehr als ärgerlich,
das ständig zu beweisen:
Du bist mir wichtiger als ich!
Doch du, du sollst mich preisen.

Ich werde mich, hör bitte zu,
dafür nicht mehr entschuldigen.
In meinem Herzen wohnst nur du.
Nur du, du musst mir huldigen!

Du sollst doch, lass das Knöttern,
dich lediglich verpflichten,
mich täglich zu vergöttern.
Vor allem für mein Dichten.

Liebe Linde

Ich ritzte manches Herz in deine Rinde,
so manchen Pfeil, so manches Initial.
Stand G für Guddi oder für Gerlinde?
Und wer war noch mal C? Etwa Chantal?

Egal – du hast die Schnitte still ertragen,
du knarztest allenfalls mit dem Geäst,
und wenn wir unter deiner Krone lagen,
hat dein Lindenpipi uns benässt.

Die Herzen wuchsen mit dir hoch ins Blaue,
die Namen sind vernarbt in deiner Haut,
verzogen sich schon bald ins Ungenaue,
und keinen davon trug die spätre Braut.

Du gossest all die Kerben früher Triebe
mit deinen honiggoldnen Tränen aus.
Dein Bernstein füllt mein Alphabet der Liebe,
das Z steht für den Zwischenfall mit Klaus.

Kleiner Gruß vom Berch
erkältet vorzutragen

Ging nicht baden, ging nicht Laden,
ging mit strammen Wanderwaden
auf den Berch bei Berchtesgaden.

Nach Bestiech des frostich Grauen
stiech ich ab in laue Auen,
um ein wenich aufzutauen.

Lechte mich zu Fuß des Riesen
in wonnich warme Watzmannwiesen
und begann alsbald zu niesen.

Nasenschleimhaut schwoll wie doll,
Nase war davon ganz voll,
Auge triefte, troff und quoll.

Einerseits der Wohlgeruch,
andrerseits der Pollenfluch.
Ich nieste nass: Essssissss chenuuuuch!

Nur ein kleines Souvenir
schick ich drum vom Abstiech dir.
Nimm es und verzeih mir bitte: diese eine Margerite.

Hab dem Berch sie abgetrotzt,
leider ist sie vollgerotzt.

Sonett vom Moment

Der Moment will dürfen und nicht müssen,
auf Bestellung stellt er sich nicht ein.
Auch wenn Sie ihn lange Zeit vermissen,
sollten Sie nicht ungeduldig sein.

Wie soll ich Ihnen den Moment beschreiben?
Mein Fach ist die Musik und nicht das Wort.
Er kommt vorbei und neigt nicht zum Verbleiben.
Mit etwas Glück sind Sie am selben Ort.

Der Moment lässt sich nicht dirigieren,
weil er sich nur freiwillig begibt.
Ich traf ihn selten an beim Musizieren,

doch wenn, dann hab ich mich in ihn verliebt.
Er hat es wohl gespürt und blieb ne Weile.
Momente haben manchmal keine Eile.

Mon cœur

Ich schick dir kein Emoticon
auf dein mobiles Telefon
und keine MMSen,
ich koch grad Abendessen.

Ich schick dir keine Diashow.
Lebensmittel-Porno? No!
Plus tard un peu Geschlechtsverkehr,
avant qu'il y ait une pomme de terre.

Küffen

Liebling,
ich hab nach dem Küffen
immer Fuffeln im Mund.
Kennft du den Grund,
wiefo ich die hab?

Blödmann,
nimm einfach die Mafke ab.

Wurstwunderbar

Dem Jäger wurds flau auf der Pirsch,
aus dem Schwarzwald erhob sich ein Magengrollen,
er hätt von dem Wasser nicht saufen sollen,
das Wasser war nämlich aus Kirsch.

Der Jäger wurd fuchsteufelswild.
Beim heiligen Hubert! Mein Hirn, es will schwillen!
Den Durst mit so viel Promillen zu stillen,
hat Waidmänner reichlich gekillt.

Der Grünrock entging der Gefahr
durch Sedieren der wogenden Kirschwasserkräfte
und Neutralisieren der Magensäfte,
mit Biss in sein Wurstreservoir.

Der Schwarzwald steht und schweiget,
und aus dem Jäger steiget
ein leichtes Rülpsen wunderbar.

Heimatloses Osterei (auf Norderney)

Im Januar wurd ich gesichtet
als selten schickes Einzelstück.
Wer mich bekäme, wurd berichtet,
hätt fast schon unverschämtes Glück.

Im Februar war ich verschwunden,
»verzogen«, wurde kolportiert,
nach »unbekannt«, nach »falsch verbunden«,
nach »weißderteufel« emigriert.

Bereits im März war ich vergessen,
kein Schwein fragt seither, wo ich bin,
als Thema so was von vergessen,
aus dem Sichtfeld, aus dem Sinn.

So kam ich im April zu dir,
in schäbbig braunem Packpapier,
als blinder Nordseepassagier,
frierend auf der Frisia 4.

Als heimatloses Osterei
stell ich dir auf Norderney
die hoffnungsvollste aller Fragen:
Willst du mich nach Hause tragen?

BERUF

Beruf: Pott-Poet – Ein Interview

Fragen: Fritz Eckenga
Antworten: Fritz Eckenga

Fritz, du stammst ja aus dem Ruhrgebiet
und wurdest warum Verseschmied?

*Gehorsam, Pflicht und braver Sohn.
Ich wollte nicht, die Eltern schon.*

Du wolltest lieber – was genau?

Auf Zeche, Untertagebau.

In den Pütt? Nach Kohle graben?

*Ich litt wie Hund, doch Vater sprach:
Der Junge soll's mal besser haben.*

Und Mutter?

*Mutter war, wie Mütter sind,
besser: war'n, in jenen Tagen,
hielten zwar zu ihren Blagen,
hatten aber nichts zu sagen.
Hatten Vätern beizupflichten:
Junge, geh mal lieber dichten.*

Man hat's dir echt nicht leicht gemacht,
du warst grad sieben.

Nee, schon acht.

Aus der Traum, mit zarten acht:
Niemals runter in den Schacht.
Kein Hauer sein, kein Steiger werden,
kein Ausritt auf den Grubenpferden.

*So früh, noch vor der Pubertät,
zu wissen: Ich werd Pott-Poet.*

Die Aussicht war ja echt beschissen.
Warum bist du nicht ausgerissen?

*So war'n die Zeiten nicht, mein Freund!
Da wurde nicht herumgestreunt,
gevögelt, blaugemacht, gefeiert,
gekifft, gesoffen und gereihert.
So wie bei dir, du Tagedieb!
Ich schrieb und schrieb in Wechselschicht
erst tausend und dann ein Gedicht.*

Ohne Ent- und Wedia listet Wikipedia:
Hundertachtunddreißig Bände!

*Ich hasse es zu kokettieren,
ich möchte einfach nur zitieren.
Spiegel, Eff A Zett und Zeit:
»Eckenga, Eckenga, weit und breit!
Eckenga! Eckenga und kein Ende!
Eckenga! Schon mit zwölf Legende!«*

Das sagt alles, muss genügen.
Dem ist nichts hinzuzufügen.
Außer, Fritz, jetzt kein Geplapper,
später wurz du selber Papa.
Zogst du aus den Turbulenzen
deiner Kindheit Konsequenzen?
Als dein Sohn den starken Willen
offenbarte, zu erfüllen
sich den Traum vom eignen Leben?
Sag, was hast als Dichterfürst
du ihm denn da mitgegeben?

Mein Sohn, ich hatt's zum Glück nicht leicht,
dein Glück: du hast es schwerer.
Ich geb' dir gleich »Gehirnchirurg«!
Du wirst Gesamtschullehrer.

Mann so Mann so

Ich bin ein Mann der Sprache,
bin wortgewandt, belesen,
mein Sprachstil gilt als elegant,
und was ich schrieb,
wurd Gegenstand brillanter Exegesen.

Zum Inhalt fügt sich formgerecht
die blendende Erscheinung.
Es gibt, was Attraktivität angeht,
da sind die Kritiken beredt,
wohl keine zweite Meinung.

Doch immer, wenn ich Fußball schau,
verändert sich mein Wesen.
Ich formuliere ungenau,
schrei wie ne angestochne Sau,
und in den Achseln stinke ich,
als wär ich am Vergammeln.

Doch immer, wenn ich Fußball kuck,
bin ich von andren Sinnen,
aus allen Löchern dringt der Druck,
ich keif und kotz und kratz und spuck,
es sei denn, wir gewinnen.

dreivierstrophn

obduwoma
wirssuwo
komma inne spur
mamma vorran
gimma stoff
kumma auffe uhr

willzu ärger
suchssu streit
lassmido in ruh
halti luft an
bleibma still
quatschmi ni so zu

isnimögli
glaubini
wirter auno frech
wunderdini
wenniniemehr
einwort mittir sprech

mirdo schnuppe
mirdo schnurz
lässtes ehm bleim
kannzmirja
nächstema
dreivierstrophn schreim

Beim Trockendoc

Innen drin war ich schon hohl
vom viel zu vielen Alkohol,
drum stieg ich austauschhalber um
auf mehrmals täglich Morphium.

War dauernd down, war niemals high,
wo einmal Hirn war, war nur Brei.
Ich süchtelte in Galerien,
wurd Maler, sniffte Terpentin,

suchte Hilfe und fand Rat
beim Suchtarzt Doktor Eisenbart.
Der riet zum Daueraufenthalt
in seiner Drogenheilanstalt.

Von Alk, Morphin und Terpentin
sei jedermann fix zu entziehn,
die sich jedoch wie ich bedröhnen,
müssten lebenslang entwöhnen.

Mein Fall sei schwieriger als schwierig,
ich litte hart an Alltagslyrik.
Und oftmals münde schlichte Dichtung
in Persönlichkeitsvernichtung.

Der Doc entzog mir Stift und Block,
verordnete Elektroschock,
Wörterboarding, Versfußbrechen,
täglich über Mutti sprechen.

Seitdem ist's ein Auf und Ab,
bisweilen macht der Suchtdruck schlapp,
doch ohne Warnung kehrt er wieder
und steigt mir reimend in die Glieder.

Die Wechselbäder sind brutal,
der Doktor hält sie für normal,
weil er den Keim des Bösen kennt,
mein Reim sei multiresistent.

Mal ist mir trüb, mal ist mir heiter,
ich halte durch und hoffe weiter,
dass das Hell ins Dunkel bricht
und ich endlich nicht mehr dicht.

Ich geh jetzt rüber zu den Damen.
Amen.

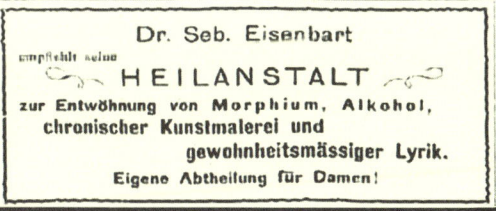

Grenzfrage der Kunst

Sollte man nicht
dem Daseinsverdüsternden,
dem Unausstehlichen,
dem Unerträglichen,
dem Hässlichen,
zusammengefasst:
dem Kotzreizerzeugenden,
also zum Beispiel: Björn Höcke,
mit den Mitteln der schönen Kunst,
sprachlich gewandt,
elegant, nonchalant,
sozusagen mit leichter Hand
volles Pfund was in die Fresse hauen?

Also zum Beispiel: ein Gedicht?
Och nö.
Das merkt er ja nicht.

Perfekter Gast

So ein wunderbarer Abend.
So ein herrlich volles Haus.
Und so viele warme Hände.
So viel freundlicher Applaus.

Diese wunderbare Bühne.
Dieses strahlend helle Licht.
Ach, es blendet wie bescheuert,
darum sehe ich dich nicht.

Du bist der perfekte Gast,
du bist keine trübe Tasse,
ganz im Gegensatz zu der
meistens ziemlich breiten Masse.

Du bist der perfekte Gast,
nein, du bist kein Kunstbanause,
und weil du die Grippe hast,
hustest du heute zuhause.

Kompliment, Abonnent!
Du bist leider nicht im Saal,
gut für mich, ich verkaufte
dein Ticket noch ein zweites Mal.

Du bist der perfekte Gast,
so viel will ich dir verraten,
ich habe all dein Eintrittsgeld
schon lange vor der Show verbraten.

Weißer Fleck

Wenns nach mir gönge, läsen Sie hier ein Gedicht,
doch der Administrator erlaubte es nicht.
Lyrik dürfe hier keinesfalls stehn,
denn sie sei »im Layout nicht vorgesehn«.

Ich bin traurig, betroffen, bin wütend, entsetzt.
Ich bin irgendwo tief in mir drin schwer verletzt.
Wie Sie vermutlich ganz richtig vermuten,
ist mein lyrisches Ich volles Rohr am Verbluten.

Wie Sie sehn, sehn Sie nichts, die Seite bleibt weiß.
Es ist ein, poetisch gesagt, großer Scheiß.

literaturgebiet.ruhr April 2 at 11:19 PM ·
Wahre Geschichte aus dem Literaturgebiet Ruhr
Auf unserer Website www.literaturgebiet.ruhr werden sich in Zukunft immer literarische Texte von verschiedenen Ruhrgebietsautorinnen und -autoren finden. (...) Fritz Eckenga hatte uns für den Aufschlag ein Gedicht geschrieben, »dreivierstrophn« heißt es. Damit wollten wir am Montag eigentlich aufmachen, doch als wir es dem Programmierer schickten, hieß es, o nee, Gedichte können wir nicht, weil »Lyrik im Layout nicht vorgesehen« sei. Weia! (Antje Deistler)

Dichtung und Wahrheit

Ich verbringe meine Nächte
mitnichten mit Dichten,
sondern viel lieber mit Dir,
Du, mein wunderschönes, großes, blondes Bier.
(also wenigstens 0,4)

BEGANGEN

Einunddreißigster Oktober süß-sauer

Von Heli-Eltern kostümierte
Brut greift Süßes ab.
Der aus Erfahrung reservierte
Stoff wird langsam knapp.

Oktober ist's, die Zombies ziehn
in Rudeln durchs Revier.
Zig Knirpse kommen Halloween
zum Schnorren an die Tür.

Ich bleib geduldig, öffne jetzt
zwei weiteren Skeletten,
doch diesmal - ich bin echt entsetzt -
zwei ausgesprochen fetten.

Die Stretch-Kostümchen spannen
sich über Wulst und Wannen.
So kurz und klein und schon so breit.
Die Proppen tun mir leid.

Ich wahre Anstand, wahre Schein,
ich wahre die Fassade.
Ich frage freundlich: »Was darfs sein?«
Der Chor kräht: »Schokolade!«

Der Magen ist voll Mitgefühl,
der Kopf voll Pädagoge.
Er führt das Wort und sagt ganz kühl:
Die Dosis macht die Droge.

Schaut euch doch an: So dick und krumm.
Das darf ich nicht verschlimmern.
Beim Rückwärtslaufen fällt ihr um
und sterbt am Kammerflimmern.

Schoki gibt's auf keinen Fall,
ihr seid schon viel zu fett,
beim nächsten Kinderkarneval
geht ihr als Walking Dead.

Die Zombie-Pummel wackeln jetzt
wie Pudding auf vier Beinen.
Ich hab sie zu stark angeätzt,
kein Wunder, dass sie weinen.

Ich hab sie wohl traumatisiert,
ich hab's wohl überrissen.
Wie krieg ich die denn nun kuriert?
Vielleicht mit Herrschaftswissen!

Hört, Gespenster, lasst Euch fragen,
und wenn Ihr die Antwort wisst,
gibt's was Gutes für Euch Blagen,
dass Ihr nicht mehr heulen müsst.

An Halloween, vor langer Zeit,
spukt' der Teufel ziemlich krass,
drum schmiss ein Held in schwarzem Kleid
nach ihm mit einem Tintenfass.

Nennt mir des Terminators Namen.
Tipp: Er reimt sich auf »Butter«.
Ach, keine Ahnung? Macht nix. Amen.
Trostpreis: Zwei Päckchen Hanuta.

Letzte Runde

Elfter Monat, achte Stunde.
Matsch und Modder, Wiese tief.
Mensch und Hund auf Hunderunde.
Stimmung eher depressiv.

Mensch reißt heftig an der Töle.
Nase hört nicht auf zu laufen.
Schmerz zieht in die Nebenhöhle.
Hund scheißt einfach keinen Haufen.

Schafft's nicht mal, das Bein zu heben.
Ostwind pfeift durch Fell und Hose.
Mensch steht steif und stumm daneben.
Mensch: Meniskus, Hund: Arthrose.

Krähen sammeln sich in Eichen.
Letztes Laub fällt braun ins Gras.
Letzten Atem sieht man weichen.
Tja, ihr zwei, ich glaub, das wars.

Mensch und Hund, die letzte Runde.
Beider Kreislauf hat versagt.
Elfter Monat, neunte Stunde.
Diagnose: Herbstinfarkt.

19. November
Heraus zum Welttoilettentag

Bescheiden tut der stille Ort
ganz klaglos seine Pflicht.
Kennt seinen Platz, wünscht sich nicht fort,
trägt jegliches Gewicht.

Bedrängt, besudelt oft in Not,
in tranig trunknem Taumeln.
So mancher ließ besinnungslos
hier nicht die Seele baumeln.

Wurd nie besungen, nie geehrt
und selten nur geputzt.
Hat stumm gedient, sich nie beschwert
und wurd doch bloß benutzt.

Doch endlich gibt die Menschheit ihm
ein Stück weit Würde wieder.
Anerkennung, Dank, Gedicht,
vielleicht auch ein, zwei Lieder.

Drückt etwas andres in ihm aus
als immer nur das eine.
Zeigt voll Respekt und zollt Tribut
und macht ihn nachher reine.

Doch auch am Welttoilettentag,
ich sag's als letzte Kunde,
muss, so steht's im scheiß Vertrag,
das Dreckige ins Runde!

Feiertage

Ich wünsche Euch schöne, ereignislose Tage.
Gute Erholung vom Rattenrennen.
Dass nur die Kerzen und nicht die Bäume brennen.
Und dass alle ihre Liebsten wiedererkennen.

Stellt kein Ritual infrage.
Bringt Euch in eine stabile Seitenlage.
Erzwingt die Abwesenheit von Problemen.
Vergesst also nicht, Eure Tabletten zu nehmen.

Krippengrippe

Festlich funkelt's in der Immobilie,
Lametta spiegelt sich im Laminat.
Tisch besetzt mit hungriger Familie,
Tafelsilber stochert in Salat.

Zittrig zieht die Mutter dieser Sippe
das Thermometer aus der Gänsefurt,
vierzig Grad, der Vogel hat die Grippe,
hört nur, welch ein Lied aus Mägen knurrt.

Wir haben Tradition, wir haben Bräuche,
vor allem aber ham wir großen Schmacht.
Es muss ein andres Opfer in die Bäuche,
denn diesmal hat die Gans H5N8.

Die Köpfe drehen sich in Richtung Krippe,
der Esel hat sich schlau vom Hof gemacht.
Der Ochse zittert ängstlich mit der Lippe,
die Messe ist gelesen, stille Nacht.

Schöne Bescherung?

Der Mensch trinkt drinnen warmen Wein,
im Garten fallen Flocken.
Das Eichhörnchen hat Eis am Bein,
doch leider keine Socken.

Es naht das schöne Weihnachtsfest,
der Mensch schmückt seine Tanne.
Das Eichhorn ist total gestresst,
es schafft sich volle Kanne.

Des Eichhorns Nuss liegt unter Schnee,
in Wehen tief verborgen.
Der Mensch brät sich ein Rindsfilet
und macht sich keine Sorgen.

Des Eichhorns Eingeweide knurrt,
der Mensch wird fett und fetta,
er kratzt sich an der feisten Furt
und bügelt blöd Lametta.

Das Eichhorn ist schon fast keins mehr,
ist nur noch letztes Wollen.
Der Mensch ist voll und frisst Dessert,
drei Klumpen Dresdner Stollen.

Der Mensch sitzt drinnen auf dem Schacht,
er hat Verdauungsstörung.
Im Garten schiebt das Eichhorn Schmacht
- beschissene Bescherung.

Weihnachtsmarkt

Oben blinkt die Riesentanne,
unten stinkt die Champjong-Pfanne.
Heissa dieselt die Frittöse,
von hoch droben rieselts böse.
Dicker Mief wird immer miefer,
morgen stirbt die Krüppelkiefer.

Kindergebet zum Aschermittwoch

Karneval find ich nicht toll,
Papa ist dann immer voll.
Mutti zieht sich peinlich an,
dass ich mich nur schämen kann.

Nein, ich sag nicht Gottseidank!
Karneval find ich ganz krank!
Ich soll Vater, Mutter ehren?
Nein, ich muss mich jetzt beschweren:

Lieber Gott, schau dir das an,
Papa ist ein blauer Mann.
Karneval macht keinen Spaß,
Mutti kocht nur Dosenfraß

oder sagt: »Hol dir nen Döner!«
Und dann kräht sie wie die Höhner.
Das ist wirklich kein Genuss,
hab schon ganz schlimm Tinnitus.

Papa ist das voll egal,
denn der hat ja den Kanal
sieben Tage lang gefüllt –
freut sich, wenn die Mutti brüllt.

Lieber Gott, ich kann nicht mehr,
ich bin klein, mein Herz ist schwer,
nimm die Bitte mir nicht krumm:
Stell die Mama ganz schnell stumm,
und danach, ich bitt dich sehr,
mach den Papa wieder leer!

Muttertag*

Sie will keine Schokolade.
Sie will keinen Alkohol.
Mutti schick ich deshalb
von Fleurop nen Blumenkohl.

*Dieser Beitrag enthält Produktunterstützung

Sommerbilanz

Die Sonne schien zwar immer auch in unsren Garten,
doch anderswo erschien sie mir zu hell.
Der Sommer war vielleicht ein wenig lang geraten,
man las viel Hässliches auf Nazionalplakaten
und hörte dazu passendes Gebell.

Man müsste selbstverständlich schlechte Laune haben,
Gründe gäb es reichlich und per se.
Es spräche nichts dagegen, sich ein Loch zu graben,
sich reinzulegen und der Welt ade zu sagen,
andrerseits freu ich mich auf den Schnee.

BEHÜTET

Tier des Jahres

Im Zwielicht wars, im frühen Grau,
im kissenwarmen Moll.
Das Großhirn noch im Modus mau,
die Augen noch auf ungenau,
die Ohren noch nicht voll.

Doch dann ein seichtes Schubidu,
das in die Löffel schmiert.
Das Radio meldet: Interview!
Mein Warnsinn warnt noch: Hör nicht zu!
Jetzt rat mal, wer verliert.

Es folgt 'ne Riesenrederei,
wie es zu viele gibt.
Im Frühgehör wird Wort zu Brei,
ein Tier bekäm 'nen Preis, es sei
beim Mensch nicht sehr beliebt.

Das Tier käm haufenweise vor,
das Tier sei nicht bedroht.
Im Gegensatz zu meinem Ohr,
dem droht der Hörtod volles Rohr
im ersten Morgenrot.

Aufs Maul bekommt das Radio drum,
ein Wurf und es fliegt raus.
Ein sich entfernend letztes Brumm,
ein kurzes Knarz, dann ist es stumm
und wohl für immer aus.

Endgültig aus ist auch die Nacht,
kaum Zeit bleibt zum Verpusten.
Die Morgenstund hat es gebracht,
der Kreislauf läuft, die Sonne lacht,
ich geh ins Bad zum Husten.

Das Votum ist ein klares.
Auswurf: Tier des Jahres!

Himmel Hummel

Viel zu schnell! Pass auf! Der Baum!
Brems, kehr um, das schaffst du kaum.
Na, so grad noch, gute Güte.
Neiiiin, jetzt bloß nicht in die Blüte!

Viel zu zart für dein Gewicht!
Da nicht rein! Der Stängel bricht!
Zack, daneben! Nicht getroffen!
Sag mal, hast du was gesoffen?

Schaukelst, torkelst wie im Tran.
Such dir mal 'ne Landebahn.
Himmel, ich krieg gleich 'ne Krise.
Hummel, nimm die große Wiese!

Touch down, Überschlag und gut.
Gottseidank, es fließt kein Blut.
Guter Rat mit schönem Gruß:
Hummel, geh demnächst zu Fuß!

In der Nachbarschaft

Gestern früh hat mir gar nichts den Schlaf geraubt,
dazu war es auch viel zu leise.
Ich hab dann ein Haus an die Fichte geschraubt,
und schon mittags hatt ich ne Meise.

Genauer: zwei Meisen, will heißen: Ein Paar
ist in den Kasten gezogen.
Es richtet sich wohnlich ein offenbar,
denn seitdem wird in einem geflogen.

Ein Rein und Raus, hin und weg, wieder retour,
man hat wahnsinnig viel transportiert.
Wärmedämmung, Sitzgarnitur,
offenbar wurd sogar tapeziert.

Sie brachte abends die Fliesen fürs Bad
und legte dann zügig ein Ei.
Er legte Parkett oder Klicklaminat,
als das Licht ausging, war's kurz vor drei.

Bald darauf hat schon der Morgen gedämmert
und so laut wie schon lang nicht gegraut.
Vermutlich wird jetzt noch, so wie's seitdem hämmert,
das Dachgeschoss ausgebaut.

Tippfehler, der
Substantiv, maskulin

Mein lieber Scholli, hast du dich verändert,
so sehr, dass ich kaum meinen Augen trau.
Ich habe dich versehentlich gegendert.
Sorry, Scholle, jetzt bist du ne Olle.

VERVIRT

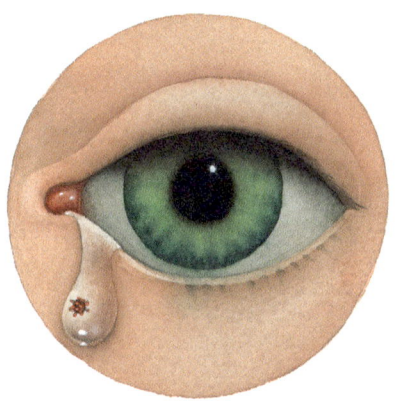

Fernweh

Ich göng so gern mal wieder fort
von dort, wo ich grad sitze.
Ich käm auch wieder, Ehrenwort,
doch momentan geht mir der Ort
hier etwas auf die Mütze.

Ich führ mal wieder gern wohin,
wo's nach was andrem duftet.
Nicht, dass ich allzu stinkig bin,
doch selbst das eigne Innendrin
mufft schon, als ob es gruftet.

Ich blickte gern mal übern Rand
und durch vier andre Wände.
Das Auge kuckt recht abgespannt,
es sähe gern mal wieder Land
mit anderem Gelände.

Ich hörte gern mal wieder was
in unbekannten Zungen.
Verstünde nix und das en masse,
gehopst, gesprungen oder krass
besoffen vorgesungen.

Ich säße gern mal wieder vor
'ner andren hübschen Bude
mit angemessenem Komfort.
Was soll's, ich buch's Exzelsior
in Downtown Buxtehude.

's is a Kreiz
beglaubigt von Dipl. Nat. Speaker Hans Well
(CEO der CSU-nahen Dialektprüfstiftung)

Sonst schaugt a hoibate Million
Besucha zua bei der Passion,
wo unser Jesus, kolossal,
live und mehr wia hundert Mal,
an Kreiztod stirbt und dann konkret
oiwei wiada aufersteht.

Weng der scheiß Infektionsgefahr
kimmt die Weltbesucherschar
im übanäxten Johr erst wieder.
Kruzetürkn! Do legst di nieder!
Aus ist jetz mit dem Event.
Sacklzefix(kreiz)sakrament!

Des wunderscheene Ammertal
ist jetz a greisligs Jammertal.
Mia derfa do in Oberbayern
heuer nicht das Leiden feiern.
Das ist der OberammerGAU!
Zweng Corona, der bleedn Sau.

Zuhaus am *(Version 2020)*
~~Heraus zum~~ roten 1. Mai

Mann der Arbeit, Frau der Taten,
legt euch nieder, macht mal frei,
bleibt daheim am ersten Mai,
bitte im Privaten braten!

Kleiner Mann und Frau und Blagen,
bildet keine breite Masse,
Abstand halten, flach die Tasse
und statt Fahne Maske tragen!

Die Gewerkschaft warnte alle:
Spielt dem Feind nicht in die Karten!
Werdet rot zuhaus, im Garten!
Dieses Jahr mal nicht in Malle.

Alles alle
(Mi casa sin papel)

Der Tag vergeht so vor sich hin
und ich vergehe mit.
Ich suche Sinn im Innendrin
und find nur Killefit.

Ich glotze auf die weiße Wand,
sie wirkt nicht interessiert.
Ich glotze in die linke Hand,
wo's Handy nicht vibriert.

Ich schaue in das schwarze Loch,
ich sitze in der Falle.
Ich sitz auf Villeroy und Boch
und Klopapier ist alle.

Aus'zapft is

Hundertzwanzig Ochsen müssen
ungegessen weiterleben.
Siebzigtausend Schweinebeine
gehen ungegrillt nach Haus.
Für Millionen weiße Würste
wird es eine Zukunft geben.
Ökonomisch siehts hingegen
für den Freistaat düster aus.

Denn keine göttliche Segenshand
schützte das himmlische Bayernland,
als der Teufel, der wo das Corona erfand,
und Söder, sein fränkischer Protestant,
als das höllische Duo hämisch befand:
Die Wiesn, die ist nicht systemrelevant!

Chor der betrunkenen Wiesnwirte:

♪ *Und im Augustinergarten hängt am Strick der Delinquent,*
drumherum stehn wir, die Wirte, drei davon sind insolvent.

Der Ministerpräsident, der Ministerpräsident,
der ist nicht mehr existent, der ist nicht mehr existent.

So machen wir's seit je in München:
Im Ernstfall auf dem Mausfeld lynchen. ♪

Weißer Sonntag 2020

Die Glocke schlug grad die elfte Stund,
dem Kind klebte eine Oblate im Mund.
Gereicht vom Priester im weißen Gewand,
er gab sie dem Kinde aus eigener Hand.

Das Kind kaute tapfer und schaute recht bang,
doch dann sprach der Priester in ruhigem Klang:

Mein Kind, wir haben Corona-Session
und feiern gleichwohl deine Erstkommunion.
Doch hab keine Angst vor dem Abendmahl,
du musst nachher nicht in das Hospital.

Denn grad in den Zeiten der Pandemie
befolgen wir auch bei der Eucharistie,
so wie es hoffentlich jedermann tut,
das elfte Gebot, und zwar resolut,
erlassen vom Robert-Koch-Institut:

Vor den Messen, nach den Messen,
Händewaschen nicht vergessen!

So koste vom Leib von Gottes Sohn
und fürchte dich nicht vor der Schmierinfektion.

Der Autor wurde von Herrn Hans-Joachim Lustig, seines Zeichens Chorleiter, darauf aufmerksam gemacht, dass das Infektionsrisiko in Gottesdiensten vor allem durch den Ausstoß sogenannter Aerosole beim Singen erhöht wird und deswegen Gemeindesingen und Chorsingen auf längere Zeit sehr eingeschränkt werden muss.

Stumme Diener

Der Apostel heilger Chor,
der Propheten hehre Menge,
schickt zu Deinem Thron empor
heut mal keine Dankgesänge.

Des Kantors lichte Sängerschar,
Evangelen wie Katholen,
hat Schiss vor Infektionsgefahr,
fürchtet sich vor Aerosolen.

Nimm es bitte nicht so krumm,
die Gemeinde bleibt heut stumm.
Großer Gott, sie loben Dich,
aber mehr so innerlich.

Gesund durch die Krise

Ich flatte die Kurve und kuck Geisterspiele,
halt Abstand und wahre Distanz.
Ich folg den Experten, und zwar bis ich schiele,
allabendlich bei Markus Lanz.

Ich stream nix bei Netflix, ich saug Charité,
Doktor Drosten ist sehr guter Thrill.
Und spür ich noch Suchtdruck, dann reicht Kekulé
bei Maischberger, Plasberg und Will.

Ausgangsbeschränkung und Quarantäne?
No problem, mein Tag hat Struktur.
Ich führ pünktlich ab, rasier mich, putz Zähne
und mach wöchentlich dreimal l'amour.

Ich brauch keinen Alk, ich nehm keine Drogen,
ich schluck weder Downer noch Hallowach.
Ich zieh mir zum Draufkommen drei Virologen
und zum Abtörnen Dr. Karl Lauterbach.

Virenfreier Mailverkehr

von: peter@freiberg.do
Betreff: schlapp
an: fritz@eckenga.de

Der Tag versäuft im Nirgendwo.
Ich schau an mir hinab.
Papier fürs Klo,
ein Teil von mir,
ach, alles hängt so schlapp.

von: fritz@eckenga.de
Betreff: Re: schlapp
an: peter@freiberg.do

Nicht gut!
Nur Mut, mein Peter.
Kopf hoch, Gedanken geradeaus.
Na siehste wohl: Jetzt steht er!

Träne auf Reisen

»Es geht eine Träne auf Reisen,
Die unsere Trennung beklagt,
Und heißt es auch, man soll niemals weinen,
Kommt es vor, dass man gar nicht fragt.«

Der Liedersänger Adamo
gehört zu den Fossilien,
er kam zur Welt in Comiso
im südlichen Sizilien.

In seinen besten Jahren
zog er durch viele Betten.
(Kein Wunder, bei den Haaren
und buschigen Koteletten.)

Sein tsärtlisches Belcanto
schmolz dolce wie Cassata
und glomm wie Vino Santo
auf Himbeermarmellata.

Sein sacht gehauchtes Sehnen,
sein seufzend sanftes Schmachten
erpresste manche Tränen,
die sich auf Reisen machten.

Der altersweise Adamo
singt heut noch, nur inkognito
und nicht mehr coram publico,
vom Reisen und vom Risiko.

Ich schick eine Träne auf Reise,
ich bleibe zu Hause bei mir.
Ich wein für dich heimlich und leise,
die Quaranträne ist morgen bei dir.

BERÜHMT

Irgendwoher kenn ich die doch

Irgendwoher kenn ich die doch.
Das ist doch die Dings, die hatte doch links
im Ohr dieses Ding,
wie heißt das denn noch,
was früher da hing?

So'n Bimmsel, so'n Bamm, so'n sagdochmal, Mann.
Die war doch beim Film, nee beim Fernsehn und dann
hat die mit Schampus so'n Dampfer getauft.
Oder hat die im Supermarkt Käse verkauft?

Nee, die nicht, die kenn ich, die hatte doch nie
in den Ohren so'n Ding, sondern am Fing,
am Finger, am kleinen, ich weiß doch noch wie
die sich den abschnitt, beim Schneiden von Brie.

Ach nee, das war Wurst, ich glaub Cervelat,
die machte doch immer den Fleischsalat
und hatte das Ding doch mitten im Na,
im Na Na nu sag doch, im Nabel. Jaja.

Im Nabel? Moment mal, ja sag mal wieso
weiß ich das dann? Es ist doch nicht so,
beim Fleischsalatkaufen, dass ich das seh,
mit anderen Worten: auf Nabelschau geh.

Aber irgendwoher, da kenn ich die doch,
die Dings mit dem Ohr- oder Nabelloch.
Fleischtheke? Käse? Ich weiß nicht, wo's war.
Bestimmt ist die doch nur ein Fernsehstar.

»Bürokratiemonster Bundeswehr – Wir verwalten uns zu Tode.
Statt des derzeitigen bürokratischen und langwierigen Beschaffungswesens empfiehlt der Wehrbeauftragte Hans-Peter Bartels der Bundeswehr das IKEA-Prinzip: aussuchen, bezahlen und mitnehmen.« (Januar 2020)

Bericht des Wehrbeauftragten der Bundesregierung

Das Heer hat nicht nur ein Problem,
es hat unendlich viele.
Doch eins davon ist echt extrem,
der Schütze Arsch zielt mit System
und trifft doch keins der Ziele.

Im Gegner landet kein Stück Blei,
im Feind entsteht kein Loch.
Der eigne Kamerad ist Brei,
denn das MG ist ein G3
von Heckler und von Koch.

Die Bundeswehr hat sehr viel Geld
und kann sich nicht beschenken.
Denn in der Bürokratenwelt
verschwindet, was man sich bestellt,
sehr oft in dunklen Senken.

Der Jäger kriegt kein Kerosin,
der Panzer keine Ketten,
das U-Boot kann nicht submarin,
es rostet sich in den Ruin,
gleich neben den Korvetten.

Es fehlt beim Zapfenstreichkonzert
der Blasmusik an Noten.
Der Blechnachschub ist auch gestört,
drum fehlt's, wie man vom Pfaffen hört,
an Särgen für die Toten.

Soldat, Soldat, denk trotzdem nicht
an Kapitulation.
Soldaten, seht das gelbe Licht.
IKEA macht um acht Uhr dicht,
da gibts noch Munition!

Soldat, Soldat, benutz den Kopf,
such aus, bezahl, nimm mit.
Helm ab, er ist dein Tupper-Topf
für Våffla und Pommfritt.

Auch Gravad Lax, Krokanttårta
sollst du mit Lust genießen.
Nur bitte nicht die Köttböllar,
mit denen musst du schießen.

Vorübergehende Erscheinungen:
*Andrea Maria Nahles**

Erklärung des Parteivorstandes

Es war uns nicht bewusst,
dass sie das anders sehn.
Wir haben nicht gewusst,
dass sie uns nicht verstehn.

Wir findens sonderbar,
dass das zu Unmut führt.
Es ist uns nicht ganz klar,
woher der Ärger rührt.

Wir haben nicht geahnt,
dass das so Wellen schlägt.
Wir haben was geplant,
doch dann den Plan verlegt.

Wir haben sie vergrätzt.
Das ist uns gar nicht recht.
Wir habens eingeschätzt.
Doch offenbar ganz falsch.

Wir erfüllen alles:
Erwartung, Pflicht, Klischee.
Dankeschön fürs Zuhörn,
Nahles (SPD).

* *April 2018 – Juni 2019, erste weibliche SPD-Vorsitzende.*

Vorübergehende Erscheinungen:
Martin Schulz*

SPDefi

Man sagt, er teile Teiche,
mach aus zwei Fischen vier
und, was nem Wunder gleiche,
verzaubre Kölsch in Bier.

Dass Amputierte laufen
und Liegendkranke stehn,
dass Dehydrierte saufen,
schaff Schulz aus Würselén.

Es schlössen sich die Wunden,
wenn er die Hand auflegt,
und Augenzeugen kunden,
dass Totes sich bewegt,

dass auferstandne Massen
verblichner SPD,
geschröderte Karkassen,
man wieder wandeln säh.

Dank SPDefi Martin
ham die nun wieder Puls.
Na denn, preist und benamt ihn:
Wie wär's mit: Jesus Schulz.

---

* 2017 - 2018 SPD-Parteivorsitzender. 2017 Kanzlerkandidat der SPD.
Er erreichte mit 20,5 % das bis dahin schlechteste Wahlergebnis der
Nachkriegsgeschichte.

Vorübergehende Erscheinungen:
Helmut Josef Maria Kohl, *3. April 1930   † 16. Juni 2017

Eiskalte Ruh

Du warfst den Schatten wahrhafter Giganten,
hinter deinem Rücken ward es Nacht.
Im Dunkeln blieben deine Anverwandten
Statisten kolossaler kalter Macht.

Gewandet in den Mantel der Geschichte
zogst du aus der Rheinpfalz in die Welt,
in deinem Sog die Parodisten-Wichte,
vom Brettlvolk für kleines Geld bestellt.

Du warst der Wirt, der viele Kriecher nährte,
so mancher hat sich in dir hochschmarotzt,
noch gab er vor, dass er dich sehr verehrte,
schon hat der Heuchler vor dir ausgekotzt.

Die Schranzen saßen satt an deiner Tafel,
du gabst dem einen Brot, dem andern Land.
Mit großer Gunst ertrugst du ihr Geschwafel,
zum Undank bissen sie dir in die Hand.

Es ist dir keine ewge Ruh beschieden,
am Rande deiner Grube köterts grell.
Das sind die Hunde, die dich einst gemieden,
das hinterbliebne Rudel zerrt am Fell.

Nun schmücken falsche Fahnen falsche Schreine,
den echten kennt nur Springers »Bild« sowie
die strenge Hüterin deiner Gebeine,
dein größter Fan, die schöne Misery.

Man weiß nur, was man aus der Zeitung weiß,
dort stand, sie kaufe häufig Trockeneis.

Ö

Vielgerühmtes Land mit Ö.
Volk begnadet für das Schö.
Hast den Berg mit Pulverschnö
und das Tal mit Wörthersö.

Vielgeprüftes Land mit Ö.
Schimpf nicht mit dem Piefke D.
Starb der schöne Haider Jö
doch im Phaeton von VWö.

Einig lass in Jubelchö.
Schönes Ö dir Treue schwö.
Bist die Heimat großer Sö.
's Fritzl, Mörtel, DJ Ö.

Vielgeliebtes Land mit Ö.
Sagst statt gelle gerne gö.
Bstöllst an Braunen als Kaffö
und zum Regiern die FPÖ.

Und jetzt alle:
Hey, hey, hey, Baby!
Uh! Ah!

BESPIELT

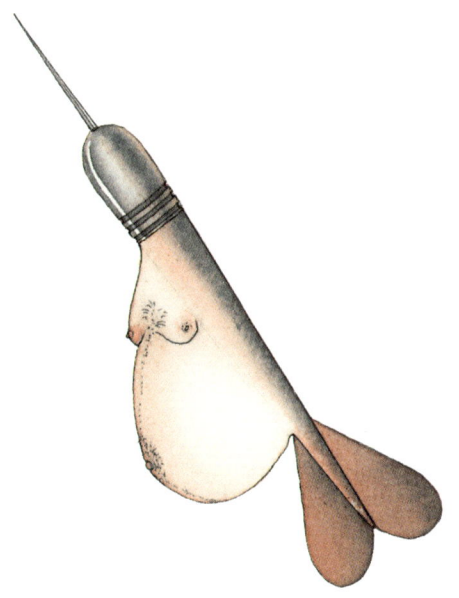

Sport als Ausweg aus der gesellschaftlichen Isolation

Heißt deine Leibspeise »Viel & Frittiert«?
Paniert und mit Mayo und Ketchup beschmiert?
Trinkst du gern Bier aus fassgroßen Eimern?
Dachtest du schon mal an »Magen verkleinern«?

Passt du nur noch in riesige Blusen?
Schwabbeln darunter zwei männliche Busen?
Sagte dein Arzt, du seist fehlernährt?
Möchtest du, dass man dich trotzdem verehrt?

Dann treib doch mal Sport und werde ein Ass,
trotz Fettschürze und Adipositas.
Dann bleib doch ein Pfundskerl und werfe den Pfeil,
werde Meister im Darts und man findet dich – äh – begehrenswert.

Verletzungsliste

Mehrfach hat's den Star gerissen.
Wir werden ihn noch lang vermissen.

Erst riss die Naht der kurzen Hose,
kurz drauf riss auch die Syndesmose.

Das dritte böse Ärgernis
war ein Meniskusteilabriss.

Viertens riss ihm auch noch ein
ne Faszie im Wadenbein.

Fünftens hat der Star Ruptur
in Teilen seiner Haarfrisur.

Diagnose: Spitzenspliss.
Der Arzt sagt: Einsatz ungewiss.

Denn sechstens kommt akut hinzu
ein echt beschissenes Tattoo.

Männer in Meeren aus Tränen

Es war ein wunderbar warmer Tag
und der Frühling ein schönes Versprechen,
doch dann sprach der Trainer, dass er nicht mehr mag,
und wir hörten in uns etwas brechen.

Als der Trainer sagte, dass er nicht mehr will,
schlossen Narzissen die Blüten,
der Spatz verstummte, die Uhr stand still,
und die Hühner vergaßen das Brüten.

Die Säuglinge wiesen den Müttern die Brust,
und die Pkw wollten nichts tanken.
Als der Trainer erklärte, ihm fehle die Lust,
sah man Fische, die qualvoll ertranken.

Als der Trainer sagte, im Sommer sei Schicht,
zogen Ruß und Pech aus Kaminen.
Der Heuschreck bestellte das Jüngste Gericht
und verspeiste drei schwarzgelbe Bienen.

Als der Trainer verkündete, er müsse gehn,
sahn wir Männer in Meeren aus Tränen stehn,
und ahnten, dass wir uns morgen
- eventuell auch übermorgen - einen neuen besorgen.

Untermann

Schließ die Augen, schau nach innen,
reise in dein dunkles Ich.
Such mit allen deinen Sinnen
Licht in dir und finde dich.

Träum dich in dein liebstes Leben,
sehn dich an den besten Ort.
Lass dich treiben, gleiten, schweben,
wünsch dir deinen schönsten Sport.

Hadre nicht mit den Gefühlen,
schäm dich deiner Neigung nicht.
Fühl die Lust im frostig Kühlen,
spür das wärmende Gewicht.

Haut an Haut und Bauch an Rücken,
zarter Saitling, harter Stahl.
Waden, die an Kufen drücken,
heißer Strahl im Eiskanal.

Schließ die Augen, schau nach innen,
sei in dir ganz du und dann
wirst du Glück und Gold gewinnen.
Sei beim Rodeln Untermann.

Happy Endspiel

Du warst dieser Einzige unter den Vielen,
mit teigiger Haut und Akne mit Stippen,
Pommes-Pummel, Speck auf den Rippen.
Viel zu viel Pfunde
und bei Bundesjugendspielen
nicht mal ne Siegerurkunde.

Du hast dem Lehrer die Tasche getragen
und musstest auf den Sportplätzen büßen.
Den Streber mit den zwei linken Füßen
durfte jeder quälen
und niemals nicht, da gab's keine Fragen,
in die Mannschaft wählen.

Du warst dir seinerzeit völlig im Klaren:
Das Rückspiel werde ich nicht verlieren.
Mein Rache-Gericht muss ich kalt servieren,
mit eisigem Grinsen.
Meine Peiniger zahlen in ein paar Jahren
alles zurück, zuzüglich Zinsen.

Man trifft sich bekanntlich zweimal im Leben,
darum haben heute die andren verloren.
Du sitzt nicht in Köln vor den Monitoren,
um Trost zu spenden.
Hast das Tor genommen, hast Abseits gegeben.
Spiele können auch happy enden.

Die Moral von der Geschicht:
Hochmut lohnt im Fußball nicht.
Schieße härter, renne schneller,
dann musst du nicht in den Keller.
Doch den, der »fair geht vor« nicht kennt,
besiegt der Video-Assistent.

Aber eins aber eins

Das Spiel war noch nicht ganz beendet,
im Süden skandierten die Fans,
da wurd schon der Rasen gepfändet
vom Verwalter der Insolvenz.

Das Spiel wurde mehrfach gestundet
und die Wechsel noch mal prolongiert,
Kredite wie Bälle gerundet,
man hatte Bilanzrecht studiert.

Im Sportteil wurd nichts mehr verhandelt,
dort gähnte ein kreisrundes Loch.
Im Spiel wurd kein Ball mehr verwandelt,
nur Anleihen wandelten noch.

Die Fans stehn noch immer im Regen,
die Tribüne wie sie nicht ganz dicht.
Das nächste Spiel wird man verlegen,
wie man hört, vor ein Wirtschaftsgericht.

Es sei denn, das wär wohl das Beste,
ein saudischer Scheich springt ein
und rettet durch Aufkauf der Reste
einen früheren Fußballverein.

Olympia ohne mich

Reiten, Radfahrn, Wasserball,
Sportsfreund, alles wird gegeben,
Fechten und Gewichteheben,
Fuß- und Hand- und Volleyball.

Riesig ist das Angebot,
Mann, ich sollte Sport betreiben:
Taubenschießen, Pfeil in Scheiben,
irgendwas im Ruderboot.

Volleystrandball, Judo, Segeln,
Keule, Band, Sie wissen schon,
Sportgymnastik. Badminton?
Nee, da geh ich lieber kegeln.

Schwimmen? Sag mal, bin ich Fisch?
Kugelstoßen? Auch kein Bock, ey,
Fechten? Nö! Und auch kein Hockey.
Tennis? Nicht. Auch nicht am Tisch.

Riesig ist das Sortiment.
Doch mich kann kein Sport besiegen.
Ach, Olympia, ich bleib liegen,
morgen hab ich dich verpennt.

Wie Wolfsburg

Kollektivstrafe! Sühne!
Die ganze Südtribüne: Leer!
Dortmund voll krank.
Fümmenzwanzigtausend
draußen auffer Strafbank.
Na, herzlichen Dank, DFB.
Und wen lassen sie rein?
Die Elf von VW?
Puh, ist das trist.
Fast wie in Wolfsburg,
wo ja nie einer im Stadion ist.

Deutschland – Holland.
Endlich wieder Reisefreiheit.

Jetzt fahrn wir wieder hin und machen Camping.
Wir können wieder rein ins Niederland.
Der Fußball ist gerollt, jetzt steckt der Hering
von unserm Zelt im Sand vom Nordseestrand.

Der Krieg ist jetzt vorbei, das Spiel vergessen.
Die Trikots hängen trocken auf dem Strick.
Endlich wieder friedlich Matjes essen,
Genever schlucken, schiffen in den Schlick.

Geschlagen ist die Mutter aller Schlachten.
Die Moffen segeln auf dem Ijsselmeer.
Die Niederländer in den Niedertrachten
rollen wieder Käse hin und her.

Kloppen Pannekoeken in die Pfannen,
die Duitsen kucken zu und trinken Bier.
Das Spiel ist aus, wir können uns entspannen
und grillen auf dem Grill ein totes Tier.

Fußballfrei, die Krämpfe könn' sich lösen,
Schwarzrotgold-Oranje, ei ei ei.
Frikandelfett verduftet in Frittösen.
Deutschland – Holland, alles ist vorbei.

Für den »Schalke-Pfarrer« Jochen Dohmen
Berger-Feld*-Predigt

Herr Jesus, so ist es verewigt,
hat uns auf dem Berg gepredigt.
Von Sanftmut hat er dort gesprochen,
am Berger Feld sprach Pfarrer Jochen:
Ich bin Taube und auch Falke,
in mir wohnen Gott und Schalke.
Hör Gemeinde, lass dir sagen,
der Gegner wird heut hoch geschlagen.
Biet ihm nicht die andre Backe,
halte drauf und blas »Attacke«!
Wenn er dann am Ende weint,
sag, genauso wars gemeint.
Erst wird dir in den Arsch getreten,
nach Abpfiff ist dann Zeit zum Beten.

So bleibt die Botschaft voll im Rahmen,
gezeichnet: Jünger Jochen.
Amen.

Das »Berger Feld« im Stadtteil Gelsenkirchen-Erle ist die Heimstatt des Fußballvereins Schalke 04. Auf ihm befinden sich Stadion und Trainingsgelände.

BEDACHT

Siebzig Jahre Josef
Eine Schöpfungsgeschichte

Vor knapp einundsiebzig Jahren
trank der Schöpfer einen Klaren,
genauer, einen Weizenkorn,
und entschied: »Noch mal von vorn!

Ich hatte, das ist keine Frage,
hin und wieder schlechte Tage,
vereinzelt wirkt die Kreation,
wie ne Montagsproduktion.

Mit Stadt, Land, Fluss, im Allgemeinen,
bin ich soweit ganz im Reinen,
auch für Hund und Katz und Maus
spend ich mir dezent Applaus.

Nicht zufrieden, nicht die Bohne,
bin ich mit der Schöpfungskrone.
Eva, Adam, Frau und Mann,
da muss ich wohl noch mal ran.«

Vor knapp einundsiebzig Jahren
trank der Schöpfer noch nen Klaren,
einen zweiten Weizenkorn,
und befahl: »Es wird geborn,

im nächsten Jahr, im elften Mond,
ein Josef, der in Bottrop wohnt.
Maria wird mal seine Frau.
Keine Angst, ich bin nicht blau,

behaltet einfach mal die Ruhe,
ich weiß genau, was ich da tue.
Wir machen's diesmal ganz legal,
wir machen's nicht wie letztes Mal,

bei dieser anderen Geschichte
gabs mir viel zu viel Gerüchte
um Vater, Mutter und um Kind,
ihr wisst ja, wie die Leute sind.

Um Getratsche zu vermeiden,
soll's bei unsren Hübschen beiden
später dann ein Mädchen sein,
amtlich, mit Familienschein.«

So kam, weil es der Herr vorsah,
nicht nur die Welt zu Josef K.,
sondern später, mit Krakeele,
noch zu einer Gabriele.

Volljährigkeitsgrundgesetz
für Michel

§1
Lange schlafen.
Wenig schuften.
Zwischendurch sehr männlich duften.

§2
Männlich riechen.
Lange pennen.
Nicht so oft zur Arbeit rennen.

§3
Mäßig stressen.
Zeit verwalten.
Vor allem aber: Duft entfalten!

Duhu!
für Bernd Gieseking

Lobpreisung anlässlich der Verleihung des Peter-Hille-Literaturpreises* »Nieheimer Schuhu 2019« in Erwitzen

Lieber Bernd, schönen Gruß, alte Keule,
Du Hüne der Literatur.
Riesenglückwunsch zur Nieheimer Eule,
diesem Piepmatz von großer Statur.

Ach Quatsch, er heißt Uhu – nein: Schuhu!
Jedenfalls ist er nachtaktiv.
Drum kriegst diesen Preis ja auch Duhu,
der zeitlebens tagsüber schlief,

um nächtens wie hulle zu dichten,
nee, wie »Hille« natürlich, Pardon!
Tja, die Reime richten mitnichten
sich immer nach schnöder Räson.

Ich weiß ja, mein Freund, wem ich's sage,
Du schreibst schließlich auch Hü und Hott
und stehst drum zurecht ohne Frage
nun auf einer Stufe mit Gott.

Moooment! Es muss heißen »mit Göttern«,
virtuell stehn ja weitere vier
auf den weltbedeutenden Brettern
Erwitzens dicht neben Dir.

Wir, die den Preis schon empfingen,
wissen wohl, er ist sehr gut dotiert.
Sei sparsam, dann wird's Dir gelingen,
dass er sich so bald nicht verliert.

Lieber Bernd, altes Haus, ich grüß dich,
sei gedrückt und geküsst von mir.
Bis bald und behalt etwas übrig,
nur so viel, damit's reicht für fünf Bier.

Für Dich, Fritz*, Erwin* und Hans*
und für Wiglaf* – aus der Distanz.

*Erwin Grosche (2007)
*Fritz Eckenga (2010)
*Wiglaf Droste (2013)
*Hans Zippert (2016)

Dolle Olle
für Rita

Rita fuffzich! Dolle Olle!
Scheiß was auf das Flaschenpfand!
Hoch die Tassen, schmeiß die Pullen
krachend an die nächste Wand!

Heiterkeit und Durst und Beinkleid,
stehst im Strumpfe wie ne Eins.
Blüh im Glanze Deiner Schönheit,
küsse Bernd und niemals Heinz!

Dem Paletten-Liebhaber Matthias
Lob des Untersetzers

Man kann mit Euro-Paletten
die Welt weder retten
noch ändern.
Aber, unter Flaschen und Gläser gestellt,
zwecks Vermeidung von Pfützen,
den Tisch vor Rändern
schützen.

Statt anderer Reden
für Christine & Thomas

Über Euch gäb es so viel Famoses zu sagen,
wir könnten jetzt zeittötend Vorzüge schildern,
wir könnten den Vortrag beweglich bebildern,
eventuell sogar Ausdruckstanz wagen.

Ein paar Opfertiere für Euch zu schlachten,
war uns gedanklich möglich erschienen.
Eine Muh, eine Mäh und zwei frische Kaninen,
aber wie all das Vieh in den Flieger verfrachten?

Es scheiterten leider am Sicherheits-Check:
Zisselmann, Pyro und Tischrakete.
Kein Feuerwerk auf der Feiertagsfete.
Selbst das Furzkissen flog aus dem Handgepäck.

Christine, Thomas, was sollen wir sagen?
Wir hatten uns sehr viel vorgenommen.
Doch außer uns ist nichts mitgekommen
auf den Ausflug nach wonderful Kopenhagen.

Wir haben's vergeigt, doch es tut uns nicht leid,
denn eigentlich müsst Ihr nur Folgendes wissen:
Dass wir froh sind, Euch heute nicht zu vermissen,
und sehr stolz, dass Ihr unsre Freunde seid.

BEWUNDERT

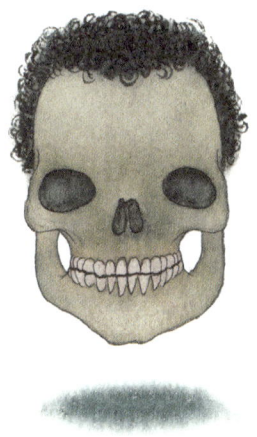

Jahrgangstreffen 1938
für Fritz Weigle alias F. W. Bernstein
(4. März 1938 - 20. Dezember 2018)

Neunzehnhundertachtunddreißig!
Guter Jahrgang, sagste nix!
König Otto Rehhagel,
Tulpenzwiebel Beatrix.

Juan Carlos mit Sophia,
Präsis, Promis, Pipapos.
Heino neben Götz George.
Haarteil neben Gernegroß.

Alle Branchen sind vertreten,
Weltbefriedung, dummes Zeug,
Köhlers Hotte, Annans Kofi,
Tony Marshall und Karl Moik.

Tänzer, Sänger, Maler, Mucker,
Perle reiht sich an Juwel,
Nurejew an Celentano,
Baselitz an J.J. Cale.

Romy S. und Claudia C.,
Ullmanns Liv und Karin Dor.
Nur die allerschönsten Frauen
treten aus dem Licht hervor,

um dem deutlich Jahrgangsbesten
Ovationen darzubieten:
Gegen diese Höchstbegabung
sind wir andren alle Nieten.

Einen hamwe auserkoren,
dem kann es vielleicht gelingen,
dich, wie es sich wohl gehört,
angemessen zu besingen.

Wurd im selben Jahr geboren,
wie Weigle, Fritz, das Großgenie.
F.W. Bernstein, Deine Hymne:
Ben E. King spielt Stand By Me.

Und sowieso das bessere Gedicht
für Wiglaf Droste (27. Juni 1961 – 15. Mai 2019)

Den Hut zu nehmen, ohne Gruß zu gehen,
das war, pardon, ein bisschen asozial.
Du hattest echt schon bessere Ideen,
hier stehn wer weiß wie viele im Regal.

Erstaunlich, wie dich plötzlich alle feiern,
sie stelln dich unter Klassikerverdacht.
Du würdest dich vermutlich leicht beeiern,
wär's nicht so traurig, hätt ich auch gelacht.

Wir hatten die bei Weitem bessren Witze,
die salzigeren Tränen im Gesicht
und viel gepflegter einen in der Mütze
und sowieso das bessere Gedicht.

Na klar, es hat dich viel zu oft gerissen,
ich war ein paarmal etwas zu nah dran.
Die Sorte Absturz werd ich nicht vermissen,
dich schon, mein Freund, du weißt warum und wann.

Schöpfung kurz vor Schluss:

DER HEIDELBACH

Wann war denn die Muse das letzte Mal
zum Knutschen vorbeigekommen?
Wann hatte der Spirit der Gründerzeit
den Hinterausgang genommen?

Dem Herrgott wars elend vom Stubenhocken,
er stierte stumpf auf das leere Blatt.
Motten im Pinsel, die Farbe furztrocken.
Der Schöpfer ausgebrannt, mürbe und matt.

Ein lustloser Griff in die Federmappe,
ein Stumpen Graphit, ein zittriger Strich.
Der Bauherr der Welt nur noch Abklatsch, Attrappe,
talentloser Pfuscher mit Tatterich.

Soll noch was Dreidimensionales entstehn?
Bleibt etwa alles so dröge und flach?
Wasserfall? Flüsse? Wenigstens Seen?
Nichts davon? Nicht mal ein Heidelbach?

Gott gähnte: Ach ja, der ist schnell skizziert,
eine Quelle, zwei Ufer, ein Bett.
Der hat ja bis dato auch nicht existiert,
der macht dann die Schöpfung komplett.

Kurz darauf kam's dann, wie allseits bekannt,
zur friedlichen Revolution.
Der erschöpfte Schöpfer verzog sich aufs Land,
zugunsten der Evolution.

Ein malender Strom wurd aus Heidelbach,
brandend mit Hochwasserwellen.
Er flutet die Welt aktuell Tach für Tach
mit durchschnittlich acht Aquarellen.

Verzeichnis der Gedichttitel
und *Gedichtanfänge*

Aber eins aber eins 103
Alles alle 74
Als alle mir empfahlen 19
Auf Norderney wie Heinrich Hei-ne 12
Aufschwung 13
Aus'zapft is 75

Beim Trockendoc 40
Berger-Feld-Predigt 107
Bericht des Wehrbeauftragten der Bundesregierung 86
Beruf: Pott-Poet – Ein Interview 35
Bescheiden tut der stille Ort 52
Bescheidene Bitte 23

Das Heer hat nicht nur ein Problem 86
Das Spiel war noch nicht ganz beendet 103
Dein Liebreiz erschloss sich auf Anhieb 11
Dem Jäger wurds flau auf der Pirsch 29
Den Hut zu nehmen, ohne Gruß zu gehen 125
Der Apostel heilger Chor 76
Der Heidelbach 127
Der Mensch trinkt drinnen warmen Wein 55
Der Moment will dürfen und nicht müssen 26
Der Tag vergeht so vor sich hin 74
Der Tag versäuft im Nirgendwo 79
Deutschland-Holland. Endlich wieder Reisefreiheit 106
Dichtung und Wahrheit 45
Die Glocke schlug grad die elfte Stund 77
Die Sonne schien zwar immer auch in unsren Garten 59
Dolle Olle 116
Dreivierstrophn 39
Du tappst durch das Dunkel, die Gasse ist eng? 17
Du warfst den Schatten wahrhafter Giganten 90
Du warst dieser Einzige unter den Vielen 101

Duhu! 114
Ein Haus und daran angebaut 16
Ein nicht so fernes Rauschen 15
Einunddreißigster Oktober süß-sauer 49
Eiskalte Ruh 90
Elfter Monat, achte Stunde 51
Erklärung des Parteivorstandes 88
Es geht eine Träne auf Reisen ... 80
Es kreißt 7
Es war ein wunderbar warmer Tag 99
Es war uns nicht bewusst 88

Feiertage 53
Fernweh 71
Festlich funkelt's in der Immobilie 54
Fritz, du stammst ja aus dem Ruhrgebiet 35

Ganz günstig 16
Gestern früh hat mir gar nichts den Schlaf geraubt 66
Gesund durch die Krise 78
Ging nicht baden, ging nicht Laden 25
Grenzfrage der Kunst 42

Halb drei 15
Happy Endspiel 101
Heimatloses Osterei (auf Norderney) 30
Heißt deine Leibspeise »Viel & Frittiert«? 97
Heraus zum Welttoilettentag 52
Herr Jesus, so ist es verewigt 107
Himmel Hummel 65
Hoffnung weiter vorn 17
Hundertzwanzig Ochsen müssen 75

Ich bin ein Mann der Sprache 38
Ich flatte die Kurve und kuck Geisterspiele 78
Ich göng so gern mal wieder fort 71
Ich habe Zeit, ich bin so frei 12
Ich ritzte manches Herz in deine Rinde 24
Ich sag's dir jetzt zum letzten Mal 23
Ich schick dir kein Emoticon 27

Ich verbringe meine Nächte 45
Ich wünsche Euch schöne, ereignislose Tage 53
Im Januar wurd ich gesichtet 30
Im Zwielicht wars, im frühen Grau 63
In der Nachbarschaft 66
Innen drin war ich schon hohl 40
Irgendwoher kenn ich die doch 85
Irgendwoher kenn ich die doch 85

Jahrgangstreffen 1938 123
Jetzt fahrn wir wieder hin und machen Camping 106

Karneval find ich nicht toll 57
Kein Sonnenstrahl erwärmte deine Böden 18
Kindergebet zum Aschermittwoch 57
Kleiner Gruß vom Berch 25
Kollektivstrafe! Sühne! 105
Krippengrippe 54
Küffen 28

Lange schlafen. Wenig schuften. 113
Letzte Runde 51
Liebe Linde 24
Lieber Bernd, schönen Gruß, alte Keule 114
Liebling, ich hab nach dem Küffen 28
Lob des Untersetzers 117

Man kann mit Euro-Paletten 117
Man sagt, er teile Teiche 89
Mann der Arbeit, Frau der Taten 73
Mann so Mann so 38
Männer in Meeren aus Tränen 99
Mehrfach hat's den Star gerissen 98
Mein lieber Scholli, hast du dich verändert 67
Mon cœur 27
Muttertag 58

Nee – wirklich? 7
Neunzehnhundertachtunddreißig! 123

Ö 92
Obduwoma 39
Oben blinkt die Riesentanne 56
Olympia ohne mich 104

Perfekter Gast 43
Perle 11

Reim gar nichts 5
Reiten, Radfahrn, Wasserball 104
Rita fuffzich! Dolle Olle! 116

's is a Kreiz 72
Schließ die Augen, schau nach innen 100
Schöne Bescherung? 55
Schwebe 18
Schwein gehabt 19
Sie will keine Schokolade 58
Siebzig Jahre Josef 111
Sieh die Zeichen an der Wand 13
So ein wunderbarer Abend 43
Sollte man nicht 42
Sommerbilanz 59
Sonett vom Moment 26
Sonst schaugt a hoibate Million 72
SPDefi 89
Sport als Ausweg aus der gesellschaftlichen Isolation 97
Statt anderer Reden 118
Stumme Diener 77

Tausend Umwege 14
Tier des Jahres 63
Tippfehler, der 67
Träne auf Reisen 80

Über dich spricht man relativ selten 14
Über Euch gäb es so viel Famoses zu sagen 118
Und sowieso das bessere Gedicht 125
Untermann 100

Verletzungsliste 98
Viel zu schnell! Pass auf! Der Baum! 65
Vielgerühmtes Land mit Ö 92
Virenfreier Mailverkehr 79
Volljährigkeitsgrundgesetz 113
Von Heli-Eltern kostümierte 49
Vor knapp einundsiebzig Jahren 111

Wann war denn die Muse das letzte Mal 129
Weihnachtsmarkt 56
Weißer Fleck 44
Weißer Sonntag 2020 76
Wenns nach mir gönge, läsen Sie hier ein Gedicht 44
Wie Wolfsburg 105
Woran es dem Werk dieses Autors gebricht 5
Wurstwunderbar 29

~~Zuhaus am~~ Heraus zum roten 1. Mai (Version 2020) 73

© Verlag Antje Kunstmann GmbH, München 2020
Satz und Gestaltung: Schuster und Junge, München
Druck und Bindung: Pustet, Regensburg
ISBN 978-3-95614-386-1